LE LECTEUR SECONDAIRE.

Ayant rempli les formalités de la loi, je poursuivrai devant les tribunaux tout débitant d'exemplaire qui ne sera pas revêtu de ma signature.

IMPR. D'AD. MOESSARD ET JOUSSET, RUE DE FURSTEMBERG, 8.

LE LECTEUR

SECONDAIRE,

FAISANT SUITE

A L'ABÉCÉDAIRE NOUVEAU,

FONDÉ SUR LE MÉCANISME DU LANGAGE ET SERVANT
A HATER L'HABITUDE DE LA LECTURE COURANTE.

Par Vernhes aîné,

AUTEUR DE L'ABÉCÉDAIRE NOUVEAU;

DÉDIÉ A ANAIS BOSO,

SA PETITE FILLE, AGÉE DE QUATRE ANS ET DEMI.

PRIX : 60 CENTIMES.

PARIS,

Chez { AL. JOHANNEAU, Libraire, rue du Coq-St-Honoré, 8.
{ L'AUTEUR, rue de Seine-Saint-Germain, 32.

BÉZIERS,

Chez Mme Ve BORY, Imprimeur-Libraire, place de la Mairie.

1837.

A ma Petite-Fille, âgée de quatre ans et demi.

Ma chère Anaïs,

Accepte, comme le plus tendre hommage de mon admiration, la dédicace de ce petit ouvrage. Qu'il soit un monument éternel des progrès extraordinaires que tu as faits dans la lecture, puisque, à mon insu et sans la moindre application de la part de ta digne Mère, ma Fille chérie, tu sais lire à cet âge si tendre, même les manuscrits un peu lisibles !

Je te couvre de mille baisers et suis ton affectionné Aïeul,

VERNHES AÎNÉ.

PRÉFACE.

Je m'étais aperçu depuis long-temps que les élèves, après avoir acquis la connaissance des principes de la lecture avec la plus grande rapidité, en faisant usage de mon *Abécédaire*, restaient quelquefois fort long-temps pour parvenir à lire couramment. J'avais reconnu que la plus grande et même la seule difficulté était l'embarras que leur causaient les lettres qui ne se prononcent pas ou qui se prononcent différemment, telles que les finales des verbes à la troisième personne; comme *il aime, ils aiment;* ou la finale du verbe *entendent*, qui, quoique égale avec les deux premières syllabes du même mot, se prononce différemment, et enfin mille autres mots que je pourrais citer.

Pour remédier à cet inconvénient, autant qu'il était en mon pouvoir, j'imaginai de mettre toutes ces lettres en italiques dans ma troisième édition. Mais ce soin ne produisit rien, soit parce que l'imprimeur ne le fit pas avec assez d'exactitude, soit parce que les élèves ne voyaient là que des lettres mal faites.

Je me suis donc déterminé à faire fondre exprès de très-petits caractères et d'indiquer, par ce moyen, d'une manière très-apparente et indubitable, les lettres qui ne se prononcent pas. J'ai même fait mieux, j'ai accentué tous les *e* qui se prononcent ainsi par l'effet de leur position, et j'ai répété au-dessous les mêmes mots avec les lettres égales et sans accens ; de telle manière que l'élève voit au même instant les mots tels qu'il doit les prononcer, et tels qu'ils sont véritablement écrits. Cette méthode, si je ne me trompe, doit hâter les progrès pour la lecture courante, ainsi que pour l'orthographe. J'espère que les personnes judicieuses apprécieront le mérite de cette nouvelle disposition.

Mais, pour cela, j'ai été obligé de faire un petit ouvrage séparé de l'*Abécédaire nouveau*, et qui en est par conséquent la suite immédiate et nécessaire.

Les contes qui composent ce petit livre, sont pleins de morale, très-amusans et faits pour intéresser le jeune âge.

INSTRUCTION.

Des que les élèves auront passé l'*Abécédaire nouveau*, on leur mettra sous les yeux le *Lecteur secondaire*. Ils liront d'abord la ligne où les mots sont coupés par syllabes, en leur faisant remarquer que les petites lettres ne se prononcent pas, qu'ainsi toute consonne suivie d'une ou de plusieurs petites lettres, doit être prononcée comme dans l'alphabet.

On leur fera lire ensuite la seconde ligne où les mots sont les mêmes qu'à la première, mais tels qu'ils doivent être écrits. Si l'on veut, on pourra leur faire lire alternativement le mot supérieur coupé par syllabes et le même mot inférieur qui est entier, afin qu'ils fassent la comparaison et qu'ils s'accoutument à cette différence.

Ainsi, par exemple, le mot *mal-heu-reux*, écrit *ma-lheu-reux*, ne présente dans la prononciation que *ma-l-r*. On jugera facilement, par ce seul mot, combien la prononciation est différente du mot écrit, et on y reconnaîtra sans doute aussi la véritable épellation muette.

On remarquera que tous les mots qui portent *y*, sont coupés de manière à ce que l'*y* est joint avec la voyelle qui le précède, et qu'alors il fait l'effet de deux *i*, ainsi : *roy-au-me, ay-ant,* etc., doivent être prononcés *roi-i-au-me, ai-i-ant,* c'est-à-dire, une syllabe de plus que ne porte la coupure.

Nota. Dans les mots où l'*e* précédé de deux *m* ou de deux *n* se prononce comme *a*, ce son doit être conservé, quoique la petite lettre indique que *m* ou *n* ne se prononce pas ; ainsi, dans *fem-me, pru-dem-ment, hen-nir, en-nu-i,* prononcez *fa-me, pru-da-men, ha-nir, a-nu-i,* etc., parce que, quoique *m* ou *n* ne se fasse pas entendre, elle conserve toujours son action sur l'*e* qui précède.

Toutes les fois que *em* ou *en* ne porteront pas d'accent sur *e*, faites prononcer *am, an.*

L'U-TI-LI-TÉ DE L'HIS-TOI-RE.

L'u-ti-li-té de l'his-toi-re con-sis-te
L'utilité de l'histoire consiste

prin-ci-pa-le-ment dans lès é-xem-ples
principalement dans les exemples

qu'èl-le nous don-ne dès vér-tus ét dès vi-
qu'elle nous donne des vertus et des vi-

ces de ceux qui nous ont pré-cé-dés, ét
ces de ceux qui nous ont précédés, et

sur lès-quéls nous de-vons fai-re d'u-ti-les
sur lesquels nous devons faire d'utiles

ob-sér-va-ti-ons.
observations.

L'his-toi-re nous éx-ci-te à l'a-mour ét
L'histoire nous excite à l'amour et

à la pra-ti-que de la vér-tu, en nous mon-
à la pratique de la vertu, en nous mon-

trant la con-si-dé-ra-ti-on ét la vé-né-
trant la considération et la véné-

ra-ti-on dont ont tou-jours jou-i lès hom-
ration dont ont toujours joui les hom-

mes grands ét vér-tu-eux pen-dant leur
mes grands et vertueux pendant leur

vie, ét la gloi-re at-ta-chée à leurs noms
vie, et la gloire attachée à leurs noms

im-mor-téls. L'his-toi-re ro-mai-ne four-
immortels. L'histoire romaine four-

nit plus que tou-te au-tre de nom-breux
nit plus que toute autre de nombreux

é-xem-ples de vér-tu, de ma-gna-ni-mi-té
exemples de vertu, de magnanimité

ét de gé-nie. Il é-tait as-séz or-di-nai-re
et de génie. Il était assez ordinaire

de voir chéz lès Ro-mains leurs con-suls
de voir chez les Romains leurs consuls

ou leurs dic-ta-teurs, ti-rés de la char-rue,
ou leurs dictateurs, tirés de la charrue,

con-du-i-re lès ar-mées con-tre lès én-ne-
conduire les armées contre les enne-

mis, ét re-pren-dre la char-rue a-près
mis, et reprendre la charrue après

la vic-toi-re pour pas-sér le rès-te de leur
la victoire pour passer le reste de leur

vie dans u-ne mo-dès-te re-trai-te. Re-
vie dans une modeste retraite. Re-

trai-te plus glo-ri-eu-se, s'il èst pos-si-
traite plus glorieuse, s'il est possi-

ble, que lès vic-toi-res qui a-vaient pré-
ble, que les victoires qui avaient pré-

cé-dé.
cédé.

Plu-si-eurs de leurs grands hom-mes
Plusieurs de leurs grands hommes

mou-ru-rent si pau-vres, que le pu-blic
moururent si pauvres, que le public

four-nit aux frais de leur sé-pul-tu-re,
fournit aux frais de leur sépulture,

tant leur dé-sin-té-rès-se-ment a-vait é-té
tant leur désintéressement avait été

Cu-ri-us, qui n'é-tait pas ri-che, re-
Curius, qui n'était pas riche, re-

fu-sa u-ne gros-se som-me d'ar-gent que
fusa une grosse somme d'argent que

lu-i of-fraient lès dé-pu-tés dès Sam-ni-
lui offraient les députés des Samni-

tes, en leur di-sant qu'il ne fai-sait pas
tes, en leur disant qu'il ne faisait pas

con-sis-tér la gloi-re à a-voir de l'ar-gent,
consister la gloire à avoir de l'argent,

mais à com-man-dér à ceux qui en a-
mais à commander à ceux qui en a-

vaient.
vaient.

Fa-bri-ci-us, qui a-vait sou-vent
Fabricius, qui avait souvent

tri-om-phé dès én-ne-mis, fut trou-vé
triomphé des ennemis, fut trouvé

au-près de son feu, fai-sant cu-i-re dès
auprès de son feu, faisant cuire des

ra - ci - nes ét dès hér - bes qu'il a - vait se -
racines et des herbes qu'il avait se-

mées ét cul-ti-vées lu-i-mê-me dans son
mées et cultivées lui-même dans son

champ.
champ.

Sci-pi-on, a-près u-ne vic-toi-re qu'il
Scipion, après une victoire qu'il

a-vait rem-por-tée en Es-pa-gne, trou -
avait remportée en Espagne, trou-

va par-mi lès pri-son-ni-érs u-ne jeu-ne
va parmi les prisonniers une jeune

prin-cès-se d'u-ne éx-trê-me beau-té. Ins-
princesse d'une extrême beauté. Ins-

tru-it qu'èl-le a-vait é-té pro-mi-se én
truit qu'elle avait été promise en

ma-ri-a-ge à un prin-ce de cèt-te na-ti-on,
mariage à un prince de cette nation,

il or-don-na qu'èl-le fût trai-tée a-véc
il ordonna qu'elle fût traitée avec

lès mê-mes é-gards que si èl-le a-vait é-té
les mêmes égards que si elle avait été

dans la mai-son de son pè-re; ét ay-ant
dans la maison de son père; et ayant

fait ap-pe-lér son fu-tur é-poux, il la lu-i
fait appeler son futur époux, il la lui

ren-dit, ét a-jou-ta à la dot la som-me
rendit, et ajouta à la dot la somme

que son pè-re a-vait ap-por-tée pour sa
que son père avait apportée pour sa

ran-çon. Ce grand ac-te de mo-dé-ra-
rançon. Ce grand acte de modéra-

ti-on ét de gé-né-ro-si-té lu-i ga-gna
tion et de générosité lui gagna

l'af-féc-ti-on du peu-ple és-pa-gnol.
l'affection du peuple espagnol.

Tèl-les sont lès ré-com-pen-ses que pro-
Telles sont les récompenses que pro-

cu-re la vér-tu, ét téls sont lès é-xem-ples
cure la vertu, et tels sont les exemples

que vou₅ de-vé₂ su-i-vr₀, si vou₅ vou-lé₂
que vous devez suivre, si vous voulez

ê-tr₀ grand ét hom-m₀ d₀ bi-èn, ét si vou₅
être grand et homme de bien, et si vous

vou-lé₂ ê-tr₀ vé-ri-ta-bl₀-ment heu-reux.
voulez être véritablement heureux.

LOU-A-BL₀ CON-DU-I-T₀ D₀ CA-MIL-L₀.

La vil-l₀ de Fa-l₀-ri₀s, qu₀ lè₅ Ro-main₅
La ville de Faleries, que les Romains

as-si-é-geai₀nt, sou₅ l₀ com-man-d₀-ment
assiégeaient, sous le commandement

d₀ Ca-mil-l₀, pa-rais-sait d₀-voir fai-r₀
de Camille, paraissait devoir faire

u-n₀ lon-gue ét vi-gou-r₀u-s₀ ré-sis-
une longue et vigoureuse résis-

tan-c₀. A-vant qu₀ la vil-l₀ fût sér-ré₀ d₀
tance. Avant que la ville fût serrée de

prè₅, un maî-tr₀ d'é-co-l₀ qui r₀-c₀-vait
près, un maître d'école qui recevait

chéz lu-i lés en-fans dés prin-ci-paux
chez lui les enfans des principaux

ha-bi-tans de cèt-te vil-le, é-tant sor-ti
habitans de cette ville, étant sorti

com-me à son or-di-nai-re pour la pro-
comme à son ordinaire pour la pro-

me-na-de a-véc tous sès é-lè-ves, i-ma-
menade avec tous ses élèves, ima-

gi-na, sous l'és-poir sans dou-te d'u-ne
gina, sous l'espoir sans doute d'une

ré-com-pen-se, de con-du-i-re sès é-lè-
récompense, de conduire ses élè-

ves au camp ro-main ét de lès li-vrér à
ves au camp romain et de les livrer à

Ca-mil-le, com-me un moy-èn de for-
Camille, comme un moyen de for-

cér lès ha-bi-tans de Fa-le-ries à u-ne
cer les habitans de Faleries à une

promp-te réd-di-ti-on.
prompte reddition.

Ca-mil-le, frap-pé de la pér-fi-die de
Camille, frappé de la perfidie de

ce mi-sé-ra-ble, dont le de-voir le plus
ce misérable, dont le devoir le plus

in-vi-o-la-ble é-tait de pro-té-gér l'in-
inviolable était de protéger l'in-

no-cen-ce ét non de la tra-hir, rés-ta
nocence et non de la trahir, resta

com-me in-tér-dit, ét lan-çant un re-gard
comme interdit, et lançant un regard

d'in-di-gna-ti-on sur ce ma-lheu-reux :
d'indignation sur ce malheureux :

É-xé-cra-ble scé-lé-rat, lu-i dit-il, quél
Exécrable scélérat, lui dit-il, quel

gé-nie mal-fai-sant a pu t'ins-pi-rér u-ne
génie malfaisant a pu t'inspirer une

si hor-ri-ble pen-sée? Com-ment as-tu
si horrible pensée? Comment as-tu

pu croi-re que j'ac-cue-ille-rais u-ne si
pu croire que j'accueillerais une si

a‑bo‑mi‑na‑ble pro‑po‑si‑ti‑on? Tu
abominable proposition? Tu

m'as sans dou‑te cru sem‑bla‑ble à toi.
m'as sans doute cru semblable à toi.

Sa‑che qu'il é‑xis‑te dans la na‑tu‑re dès
Sache qu'il existe dans la nature des

droits ét dès de‑voirs qui lient tous lès
droits et des devoirs qui lient tous les

hom‑mes, ét que pér‑son‑ne ne sau‑rait
hommes, et que personne ne saurait

rom‑pre. Il èst vrai, nous som‑mes lès én‑
rompre. Il est vrai, nous sommes les en‑

ne‑mis de ton pays; mais il èst dès droits
nemis de ton pays; mais il est des droits

sa‑crés ét pour la guèr‑re ét pour la paix.
sacrés et pour la guerre et pour la paix.

Nous a‑vons dès ar‑mes pour nous en
Nous avons des armes pour nous en

sèr‑vir, non con‑tre cét â‑ge, que nous
servir, non contre cet âge, que nous

é-par-gnons, mê-me dans lès vil-les pri-ses
épargnons, même dans les villes prises.

d'as-saut, mais con-tre lès hom-mes qui
d'assaut, mais contre les hommes qui

nous pro-vo-quent.
nous provoquent.

Aus-si-tôt il lu-i fit ô-tér sès ha-bits,
Aussitôt il lui fit ôter ses habits,

ét lu-i ay-ant fait li-ér lès mains dér-ri-è-
et lui ayant fait lier les mains derriè-

re le dos, il le li-vra en cét é-tàt à sès é-lè-
re le dos, il le livra en cet état à ses élè-

ves, aux-quèls il fit don-nér dès vér-ges,
ves, auxquels il fit donner des verges,

ét leur or-don-na de le fus-ti-gér en le ra-
et leur ordonna de le fustiger en le ra-

me-nant à la vil-le. Lès ha-bi-tans de Fa-
menant à la ville. Les habitans de Fa-

le-ries, pleins d'ad-mi-ra-ti-on pour la
leries, pleins d'admiration pour la

gé-né-ro-si-té du gé-né-ral ro-main, lu-i
générosité du général romain, lui

ou-vri-rent lès por-tes de la vil-le, ét le
ouvrirent les portes de la ville, et le

re-çu-rent au mi-li-eu dès ac-cla-ma-ti-ons
reçurent au milieu des acclamations

de la plus vi-ve re-con-nais-san-ce.
de la plus vive reconnaissance.

LA sCI-EN-Ce Èst Le PRe-MI-Ér BI-ÈN.

Si-mo-ni-de, po-è-te de Cé-os, î-le
Simonide; poète de Céos, île

de la mér É-gée, a-près plu-si-eurs voy-
de la mer Égée, après plusieurs voy-

a-ges en A-sie, où il é-tait par-ve-nu à
ages en Asie, où il était parvenu à

ra-mas-sér beau-coup d'ar-gent en chan-
ramasser beaucoup d'argent en chan-

tant lès lou-an-ges de ceux qui é-taient en
tant les louanges de ceux qui étaient en

é-tat de le ré-com-pen-sér, s'em-bar-
état de le récompenser, s'embar-

qua pour l'î-le de Cé-os sa pa-trie. Le
qua pour l'île de Céos sa patrie. Le

vais-seau fut at-ta-qué par u-ne hor-ri-ble
vaisseau fut attaqué par une horrible

tem-pê-te. Dans cèt-te fâ-cheu-se éx-tré-
tempête. Dans cette fâcheuse extré-

mi-té, cha-que pas-sa-gér se hâ-ta de se
mité, chaque passager se hâta de se

char-gér de tout ce qu'il a-vait de plus
charger de tout ce qu'il avait de plus

pré-ci-eux, a-fin de pou-voir s'en fai-re
précieux, afin de pouvoir s'en faire

u-ne res-sour-ce, s'ils avaient le bo-nheur
une ressource, s'ils avaient le bonheur

d'ê-tre je-tés à tér-re. On fut é-ton-né de
d'être jetés à terre. On fut étonné de

voir que Si-mo-ni-de ne pre-nait ri-èn,
voir que Simonide ne prenait rien,

ét quel-qu'un lu-i en ay-ant de-man-dé
et quelqu'un lui en ayant demandé

la rai-son, il ré-pon-dit : Je n'ai ri-èn à
la raison, il répondit : Je n'ai rien à

pren-dre, pu-is-que je por-te tout sur moi.
prendre, puisque je porte tout sur moi.

On ne sen-tit pas d'a-bord le sens de cèt-te
On ne sentit pas d'abord le sens de cette

ré-pon-se. Ce-pen-dant le vais-seau ay-ant
réponse. Cependant le vaisseau ayant

é-té je-té à la cô-te, lès uns, em-bar-ras-
été jeté à la côte, les uns, embarras-

sés par lès éf-fèts dont ils s'é-tai-ent char-
sés par les effets dont ils s'étaient char-

gés, pé-ri-rent dans lès eaux, ét lès au-tres
gés, périrent dans les eaux, et les autres

fu-rent dé-pou-illés par lès vo-leurs.
furent dépouillés par les voleurs.

Lès ma-lheu-reux nau-fra-gés ar-ri-vè-
Les malheureux naufragés arrivè-

rent à la vil-le de Cla-zo-mè-ne, qui n'é-
rent à la ville de Clazomène ; qui n'é-

tait pas loin du li-eu où le vais-seau é-tait
tait pas loin du lieu où le vaisseau était

pé-ri. Si-mo-ni-de ay-ant é-té re-con-nu
péri. Simonide ayant été reconnu

par un ci-toy-èn qui a-vait lu sès po-é-
par un citoyen qui avait lu ses poé-

sies a-véc beau-coup d'ad-mi-ra-ti-on,
sies avec beaucoup d'admiration,

fut ac-cue-illi a-véc le plus grand em-
fut accueilli avec le plus grand em-

près-se-ment ét pour-vu de tou-tes lès
pressement et pourvu de toutes les

cho-ses dont il a-vait be-soin; tan-dis que
choses dont il avait besoin ; tandis que

sès ma-lheu-reux com-pa-gnons fu-rent
ses malheureux compagnons furent

o-bli-gés de men-di-ér dans la vil-le.
obligés de mendier dans la ville.

Ceux-ci l'ay-ant ren-con-tré fu-rent très
Ceux-ci l'ayant rencontré furent très

é-ton-nés de le voir bi-èn ha-bi-llé, ét en-
étonnés de le voir bien habillé, et en-

co-re plus d'ap-pren-dre qu'il ne man-
core plus d'apprendre qu'il ne man-

quait de ri-èn. J'a-vais bi-èn rai-son,
quait de rien. J'avais bien raison,

leur dit-il, lors-que sur le vais-seau vous
leur dit-il, lorsque sur le vaisseau vous

vous em-prés-si-éz de vous char-gér de
vous empressiez de vous charger de

vos éf-fèts lès plus pré-ci-eux, de vous di-re
vos effets les plus précieux, de vous dire

que je por-tais tout a-véc moi. Sès com-pa-
que je portais tout avec moi. Ses compa-

gnons com-pri-rent a-lors ce que si-gni-
gnons comprirent alors ce que signi-

fi-ait sa ré-pon-se ét sen-ti-rent par leur
fiait sa réponse et sentirent par leur

pro-pre ex-pé-ri-en-ce, que la sci-en-ce
propre expérience, que la science

èst le mei-lleur de tous les bi-ens.
est le meilleur de tous les biens.

Un phi-lo-so-phe, nom-mé Tau-rus,
Un philosophe, nommé Taurus,

pour en-cou-ra-ger ses é-lè-ves à l'é-tu-
pour encourager ses élèves à l'étu-

de, leur ci-tait di-vers é-xem-ples d'a-
de, leur citait divers exemples d'a-

mour des sci-en-ces, et en-tre au-tres
mour des sciences, et entre autres

ce-lu-i-ci : Les A-thé-ni-ens a-vaient ren-
celui-ci : Les Athéniens avaient ren-

du un dé-cret qui con-dam-nait à mort
du un décret qui condamnait à mort

tout ha-bi-tant de Mé-ga-re qui se-rait
tout habitant de Mégare qui serait

trou-vé dans A-thè-nes. A-vant cet-te
trouvé dans Athènes. Avant cette

fa-ta-le loi, un cér-tain Eu-cli-de de Mé-
fatale loi, un certain Euclide de Mé-

ga-re, se ren-dait tous lès jours à A-thè-
gare, se rendait tous les jours à Athè-

nes pour é-cou-tér lès le-çons de So-cra-te.
nes pour écouter les leçons de Socrate.

At-teint par cèt-te loi, il se vit pri-vé de
Atteint par cette loi, il se vit privé de

cét a-van-ta-ge; mais le dé-sir d'ac-qué-
cet avantage; mais le désir d'acqué-

rir de la sci-en-ce l'em-por-ta sur le
rir de la science l'emporta sur le

dan-gér de pér-dre la vie. Il i-ma-gi-na
danger de perdre la vie. Il imagina

donc de se dé-gui-sér, a-fin de s'in-tro-
donc de se déguiser, afin de s'intro-

du-i-re dans A-thè-nes ét con-ti-nu-ér à
duire dans Athènes et continuer à

as-sis-tér aux le-çons de son maî-tre. Il
assister aux leçons de son maître. Il

par‑tait donc de Mé‑ga‑re pen‑dant la
partait donc de Mégare pendant la

nu‑it, re‑vê‑tu d'u‑ne lon‑gue ro‑be
nuit, revêtu d'une longue robe

de fem‑me et cou‑vert d'un man‑teau, la
de femme et couvert d'un manteau, la

tê‑te voi‑lée. A‑près a‑voir pas‑sé la
tête voilée. Après avoir passé la

jour‑née au‑près de So‑cra‑te qui, plein
journée auprès de Socrate qui, plein

d'ad‑mi‑ra‑ti‑on pour son zè‑le, le ca‑
d'admiration pour son zèle, le ca‑

chait dans sa mai‑son, il s'en re‑tour‑nait
chait dans sa maison, il s'en retournait

le soir chez lu‑i a‑vec le mê‑me dé‑gui‑
le soir chez lui avec le même dégui‑

se‑ment, par‑cou‑rant ain‑si plu‑si‑eurs
sement, parcourant ainsi plusieurs

li‑eues et ne crai‑gnant pas d'ex‑po‑sér sa
lieues et ne craignant pas d'exposer sa

vie pour ac-qué-rir de la sci-en-ce.
vie pour acquérir de la science.

Le phi-lo-so-phe An-this-tè-ne né cés-
Le philosophe Anthistène ne ces-

sait d'é-xhor-té sès dis-ci-ples à l'é-tu-de;
sait d'exhorter ses disciples à l'étude;

mais voy-ant que peu l'é-cou-taient, in-di-
mais voyant que peu l'écoutaient, indi-

gné de leur in-dif-fé-ren-ce ét de leur
gné de leur indifférence et de leur

obs-ti-na-ti-on, il lès ren-voy-a tous.
obstination, il les renvoya tous.

Cèt-te me-su-re é-tait un peu trop gé-né-
Cette mesure était un peu trop géné-

ra-le, puis-que quel-ques uns de sès é-lè-ves
rale, puisque quelques uns de ses élèves

n'a-vaient pas mé-ri-té un si hon-teux châ-
n'avaient pas mérité un si honteux châ-

ti-ment, ét sur-tout Di-o-gè-ne, qui le
timent, et surtout Diogène, qui le

prou-va par son a-mour pour la sci-en-ce.
prouva par son amour pour la science.

Per-su-a-dé que son maî-tre se-rait as-sez
Persuadé que son maître serait assez

jus-te pour ne pas le com-pren-dre dans
juste pour ne pas le comprendre dans

cet ac-te de ri-gueur, il re-vint le len-de-
cet acte de rigueur, il revint le lende-

main, mais il fut chas-sé de nou-veau, et
main, mais il fut chassé de nouveau, et

me-na-cé mê-me du bâ-ton que ce phi-
menacé même du bâton que ce phi-

lo-so-phe é-tait dans l'u-sa-ge de por-ter.
losophe était dans l'usage de porter.

Ces me-na-ces n'é-pou-van-tè-rent pas
Ces menaces n'épouvantèrent pas

Di-o-gè-ne, qui con-ti-nu-a de se pré-
Diogène, qui continua de se pré-

sen-ter chez An-this-tè-ne pour é-cou-ter
senter chez Anthistène pour écouter

3.

sé- le-çons, à tél point que ce-lu-i-ci, fa-ti-
ses leçons, à tel point que celui-ci, fati-

gué de son obs-ti-na-ti-on, le frap-pa de
gué de son obstination, le frappa de

son bâ-ton. Con-ti-nue de me frap-pér,
son bâton. Continue de me frapper,

lu-i dit Di-o-gè-ne, je te pré-sen-te-rai
lui dit Diogène, je te présenterai

vo-lon-ti-érs mon dos, pour-vu que tu
volontiers mon dos, pourvu que tu

me pér-mèt-tes d'é-con-tér tès le-çons,
me permettes d'écouter tes leçons,

car je te dé-cla-re que tu ne trou-ve-ràs
car je te déclare que tu ne trouveras

pas de bâ-ton as-séz dur pour me for-cér
pas de bâton assez dur pour me forcer

à quit-tér ton é-co-le. Le phi-lo-so-phe
à quitter ton école. Le philosophe

vain-cu par u-ne preu-ve aus-si é-vi-
vaincu par une preuve aussi évi-

den - te du dé - sir de s'ins - tru - i - re, le re-
dente du désir de s'instruire, le re-

prit et s'at - ta - cha à lu - i.
prit et s'attacha à lui.

LÉs DEux TOUR - TE - REL - LEs.

U - ne da - me é - tant de - ve - nue veu - ve
Une dame étant devenue veuve

et vou - lant fai - re el - le - mê - me l'é - du -
et voulant faire elle-même l'édu-

ca - ti - on de sès en - fans, Char - les ét A - mé -
cation de ses enfans, Charles et Amé-

lie, se re - ti - ra à la cam - pa - gne. Char - les
lie, se retira à la campagne. Charles

a - vait dix ans ét A - mé - lie en a - vait hu - it.
avait dix ans et Amélie en avait huit.

Cès deux char - mans en - fans vi - vaient dans
Ces deux charmans enfans vivaient dans

la mei - lleu - re in - tél - li - gen - ce, ét do - ci - les
la meilleure intelligence, et dociles

aux le-çons de leur mè-re, fai-saient des
aux leçons de leur mère, faisaient des

pro-grès sa-tis-fai-sans. Mais l'a-mi-ti-é
progrès satisfaisans. Mais l'amitié

qui ré-gnait en-tre eux, é-tait sur-tout
qui régnait entre eux, était surtout

re-mar-qua-ble. Les lar-mes de l'un fai-
remarquable. Les larmes de l'un fai-

saient cou-ler les lar-mes de l'au-tre. Leurs
saient couler les larmes de l'autre. Leurs

jou-joux é-taient en com-mun. On voy-ait
joujoux étaient en commun. On voyait

sou-vent la pou-pée d'A-mé-lie en-tre
souvent la poupée d'Amélie entre

les bras de Char-les et le sa-bre de Char-les
les bras de Charles et le sabre de Charles

dans les mains d'A-mé-lie. Le re-gret mê-
dans les mains d'Amélie. Le regret mê-

me de se quit-ter pour se met-tre au lit
me de se quitter pour se mettre au lit

au-rait é-té mor-tél pour nos deux en-fans,
aurait été mortel pour nos deux enfans,

si l'és-poir de se re-voir le len-de-main ne
si l'espoir de se revoir le lendemain ne

lès a-vait con-so-lés.
les avait consolés.

U-ne da-me du voi-si-na-ge qui lès
Une dame du voisinage qui les

vi-si-tait sou-vent, char-mée de l'a-ma-
visitait souvent, charmée de l'ama-

bi-li-té de cès deux jeu-nes en-fans, leur
bilité de ces deux jeunes enfans, leur

ap-por-ta deux tour-te-rèl-les ap-pri-voi-
apporta deux tourterelles apprivoi-

sées. Ju-géz dès trans-ports de joie de nos
sées. Jugez des transports de joie de nos

jeu-nes é-lè-ves. Quél plai-sir de voir cès
jeunes élèves. Quel plaisir de voir ces

oi-seaux se pér-ché sur leur bras ou sur
oiseaux se percher sur leur bras ou sur

leurs é-pau-les, de leur don-ner à man-ger
leurs épaules, de leur donner à manger

dans la main.
dans la main.

On pla-ce les deux tour-te-rel-les dans
On place les deux tourterelles dans

la mê-me ca-ge, et nos deux en-fans sont
la même cage, et nos deux enfans sont

char-més, de les voir se ca-rés-sér, et de
charmés de les voir se caresser, et de

les en-ten-dre rou-cou-lér. N'est-ce pas,
les entendre roucouler. N'est-ce pas,

se di-saient-ils l'un l'au-tre, qu'ils s'ai-ment
se disaient-ils l'un l'autre, qu'ils s'aiment

com-me nous nous ai-mons? Ils ou-vraient
comme nous nous aimons? Ils ouvraient

la por-te de la ca-ge à tout ins-tant, et
la porte de la cage à tout instant, et

les oi-seaux s'em-prés-saient de vo-lér sur
les oiseaux s'empressaient de voler sur

leurs jeu-nes a-mis. Mais il ar-ri-vait quél-
leurs jeunes amis. Mais il arrivait quel-

que-fois que lès deux tour-te rèl-les vo-laient
quefois que les deux tourterelles volaient

sur un seul d'en-tre eux, ce qui éx-ci-tait
sur un seul d'entre eux, ce qui excitait

la ja-lou-sie de l'au-tre. Ce-la se ré-pé-ta
la jalousie de l'autre. Cela se répéta

as-séz sou-vent pour lès dé-ci-dér à gar-
assez souvent pour les décider à gar-

dér cha-cun u-ne tour-te-rèl-le dans sa
der chacun une tourterelle dans sa

cham-bre. Il fut donc con-ve-nu que cha-
chambre. Il fut donc convenu que cha-

cun d'eux pren-drait la tour-te rèl-le qui
cun d'eux prendrait la tourterelle qui

vo-le-rait sur son é-pau-le à l'ou-vér-
volerait sur son épaule à l'ouver-

tu-re de la ca-ge.
ture de la cage.

Nos deux en-fan com-mu-ni-què-rent
Nos deux enfans communiquèrent

leur pro-jet à leur mè-re, qui, sans l'ap-
leur projet à leur mère, qui, sans l'ap-

prou-vér ni le blâ-mér, fit a-che-tér u-ne
prouver ni le blâmer, fit acheter une

se-con-de ca-ge. Ain-si cha-cun d'eux se
seconde cage. Ainsi chacun d'eux se

char-gea du soin par-ti-cu-li-ér de sa
chargea du soin particulier de sa

tour-te-rèl-le.
tourterelle.

Les deux oi-seaux ain-si sé-pa-rés ne
Les deux oiseaux ainsi séparés ne

tar-dè-rent pas à de-ve-nir tris-tes ét
tardèrent pas à devenir tristes et

mé-lan-co-li-ques; ils re-fu-saient la nour-
mélancoliques; ils refusaient la nour-

ri-tu-re qu'on leur of-frait, ils ne s'em-
riture qu'on leur offrait, ils ne s'em-

près - sai_{ent} plus de sor - tir, quand on leur
pressaient plus de sortir, quand on leur

ou - vrait la por - te de leur ca - ge. Au li - eu
ouvrait la porte de leur cage. Au lieu

de cét air vif ét a - ni - mé, ils é - taient a - bat-
de cet air vif et animé, ils étaient abat-

tus ét lan - guis - sans, leur bri - llant plu - ma-
tus et languissans, leur brillant pluma-

ge é - tait de - ve - nu tér - ne ét fa - né. Pér-
ge était devenu terne et fané. Per-

chée sur le plus haut bâ - ton de sa ca - ge,
chée sur le plus haut bâton de sa cage,

cha - cu - ne d'èl - les pa - rais - sait chér - chér à
chacune d'elles paraissait chercher à

dé - cou - vrir sa com - pa - gne ; en - fin, mét-
découvrir sa compagne ; enfin, met-

tant la tê - te sous l'ai - le, èl - les sem - blaient
tant la tête sous l'aile, elles semblaient

n'at - ten - dre que le mo - ment de la mort!
n'attendre que le moment de la mort!

A-mé-lie ét Char-les, a-lar-més du
Amélie et Charles, alarmés du

tris-te é-tat de leur ai-ma-ble oi-seau,
triste état de leur aimable oiseau,

en in-for-ment leur mè-re, qui sous pré-
en informent leur mère, qui sous pré-

tèx-te qu'ils n'en prèn-nent pas soin,
texte qu'ils n'en prennent pas soin,

leur or-don-ne de rés-tér cha-cun dans
leur ordonne de rester chacun dans

sa cham-bre.
sa chambre.

Le pre-mi-ér jour de cèt-te sé-pa-ra-
Le premier jour de cette sépara-

ti-on fut bi-èn long pour nos deux jeu-nes
tion fut bien long pour nos deux jeunes

en-fans ac-cou-tu-més à pren-dre leurs
enfans accoutumés à prendre leurs

le-çons en-sem-ble. Le se-cond jour fut
leçons ensemble. Le second jour fut

très en-nu-y-eux, mais le troi-si-è-me fut
très ennuyeux, mais le troisième fut

in-sup-por-ta-ble. Ah! ma chè-re ma-man,
insupportable. Ah! ma chère maman,

pour-quoi nous a-voir sé-pa-rés ain-si?
pourquoi nous avoir séparés ainsi?

Rends-moi Char-les, di-sait A-mé-lie; rends-
Rends-moi Charles, disait Amélie; rends-

moi A-mé-lie, di-sait Char-les. Eh quoi!
moi Amélie, disait Charles. Eh quoi!

leur dit leur ma-man, trois jours de sé-pa-
leur dit leur maman, trois jours de sépa-

ra-ti-on vous sont in-sup-por-ta-bles, et
ration vous sont insupportables, et

vous vou-lez que ces deux ma-lheu-reux
vous voulez que ces deux malheureux

oi-seaux la sup-por-tent, eux qui sont nés
oiseaux la supportent, eux qui sont nés

et ont é-té é-le-vés dans le mê-me nid, qui
et ont été élevés dans le même nid, qui

ont tou-jours rés-pi-ré le mê-me air.
ont toujours respiré le même air.

Cèt-te sé-pa-ra-ti-on dont vous a-véz si-
Cette séparation dont vous avez si-

tôt res-sen-ti tou-te l'a-mér-tu-me, èst la
tôt ressenti toute l'amertume, est la

cau-se du tris-te é-tat de vos oi-seaux.
cause du triste état de vos oiseaux.

Lès en-fans sen-ti-rent que leur ma-man
Les enfans sentirent que leur maman

a-vait rai-son ét cou-ru-rent dé-li-vrér
avait raison et coururent délivrer

leurs pri-son-ni-érs, qui, en se re-voy-ant,
leurs prisonniers, qui, en se revoyant,

sem-blè-rent re-naî-tre ét eu-rent bi-èn-
semblèrent renaître et eurent bien-

tôt re-cou-vré leur san-té ét leur beau-té.
tôt recouvré leur santé et leur beauté.

LE GRI-MA-CI-ÉR.

Un en-fant de neuf à dix ans se fai-sait
Un enfant de neuf à dix ans se faisait

un plai-sir de fai-re sans cès-se des gri-
un plaisir de faire sans cesse des gri-

ma-ces. Tan-tôt il tour-nait la bou-che
maces. Tantôt il tournait la bouche

ét fai-sait lès gros yeux; tan-tôt il re-
et faisait les gros yeux; tantôt il re-

tour-nait sès pau-pi-è-res ét a-van-çait
tournait ses paupières et avançait

lès lè-vres. En-fin il sor-tait la lan-gue
les lèvres. Enfin il sortait la langue

ét fai-sait la plus vi-lai-ne fi-gu-re, con-
et faisait la plus vilaine figure, con-

tre-fai-sant le boi-teux, le man-chot, l'a-
trefaisant le boiteux, le manchot, l'a-

veu-gle ét tout ce qu'il pou-vait i-ma-gi-
veugle et tout ce qu'il pouvait imagi-

nér pour fai-re ri-re. Son pè-re ét sa mè-
ner pour faire rire. Son père et sa mè-

re l'a-vaient sou-vent ré-pri-man-dé à ce
re l'avaient souvent réprimandé à ce

su-jèt ét n'a-vaient ri-èn ob-te-nu. Le pè-re
sujet et n'avaient rien obtenu. Le père

ay-ant é-té in-for-mé un jour qu'il ve-
ayant été informé un jour qu'il ve-

nait d'ar-ri-vér dans la vil-le un hom-me
nait d'arriver dans la ville un homme

qui fai-sait dan-sér dès sin-ges, prend son
qui faisait danser des singes, prend son

fils a-véc lu-i, ét va trou-vér cét hom-me
fils avec lui, et va trouver cet homme

qui é-tait à fai-re dan-sér sès sin-ges sur
qui était à faire danser ses singes sur

u-ne pla-ce.
une place.

Bon-jour, Mon-si-eur, lu-i dit-il, vous
Bonjour, Monsieur, lui dit-il, vous

a-véz là dès sin-ges qui sont char-mans;
avez là des singes qui sont charmans;

je vous as-su-re que vous ê-tes plus heu-reux
je vous assure que vous êtes plus heureux

que moi, pu-is-que je n'ai qu'un seul sin-ge
que moi, puisque je n'ai qu'un seul singe

que voi-là (en mon-trant son fils), ét il ne
que voilà (en montrant son fils), et il ne

sait pas fai-re la moi-ti-é dès gri-ma-ces
sait pas faire la moitié des grimaces

que font lès vô-tres. Je vi-èns donc vous
que font les vôtres. Je viens donc vous

pri-ér de vou-loir bi-èn, en vous pay-aut,
prier de vouloir bien, en vous payant,

lu-i don-nér dès le-çons pour le ren-dre
lui donner des leçons pour le rendre

aus-si ha-bi-le que vos sin-ges.
aussi habile que vos singes.

Le maî-tre dès sin-ges sen-tit de su-i-te
Le maître des singes sentit de suite

la rai-s'on´ dé ce mon-si-eur ét fit sem -
la raison de ce monsieur et fit sem-

blant dé con-sen-tir à ce qu'il dé-si-rait.
blant de consentir à ce qu'il désirait.

Mais quèl-le fut la con-fu-si-on du fils,
Mais quelle fut la confusion du fils,

lors-qu'il en-ten-dit la pro-po-si-ti-on
lorsqu'il entendit la proposition

que fai-sait son pè-re. Fon-dant en lar-
que faisait son père. Fondant en lar-

mes, il se je-ta dans lès bras de son pè-re
mes, il se jeta dans les bras de son père

ét le pri-a dé lu-i par-don-nér, lu-i pro-
et le pria de lui pardonner, lui pro-

mét-tant de se cor-ri-gér. Le pè-re cé-dant
mettant de se corriger. Le père cédant

à sès ins-tan-ces, dit qu'il con-sen-tait
à ses instances, dit qu'il consentait

à at-ten-dre en-có-re quél-ques jours,
à attendre encore quelques jours,

l'as-su-rant que s'il ne se cor-ri-geait pas,
l'assurant que s'il ne se corrigeait pas,

il n'y au-rait plus de par-don pour lu-i;
il n'y aurait plus de pardon pour lui;

mais le fils se cor-ri-gea si bi-èn, que le
mais le fils se corrigea si bien, que le

pè-re n'eut pas à se re-pen-tir de l'a-voir
père n'eut pas à se repentir de l'avoir

par-don-né.
pardonné.

LA FAUs-Se PeuR.

Deux jeu-nes sa-voy-ards, dont l'un â-gé
Deux jeunes savoyards, dont l'un âgé

de qua-tor-ze ans ét l'au-tre de dou-zé,
de quatorze ans et l'autre de douze,

a-près a-voir ga-gné par leur in-dus-trie
après avoir gagné par leur industrie

quel-que peu d'ar-gent, re-tour-naient
quelque peu d'argent, retournaient

joy-eu-se-ment à leur pays, por-tant à leur
joyeusement à leur pays, portant à leurs

pa-rens lès fru-its de leurs tra-vaux ét de
parens les fruits de leurs travaux et de

leur é-co-no-mie. A-près a-voir fait u-ne
leur économie. Après avoir fait une

bon-ne par-tie de leur rou-te, ils s'a-pér-
bonne partie de leur route, ils s'aper-

çoi-vent qu'ils se sont é-ga-rés en ar-ri-vant
çoivent qu'ils se sont égarés en arrivant

le soir à l'en-trée d'u-ne fo-rêt. A-lar-més
le soir à l'entrée d'une forêt. Alarmés

de leur ér-reur, ils s'as-seoient pour ré-flé-
de leur erreur, ils s'asseoient pour réflé-

chir, ét prés-sés par la faim, ils se mêt-tent
chir, et pressés par la faim, ils se mettent

à ron-gér un mor-ceau de pain noir qu'ils
à ronger un morceau de pain noir qu'ils

a-vaient dans leur ha-vre-sac. Tout-à-coup
avaient dans leur havresac. Tout-à-coup

ils en‑ten‑dent du bru‑it dér‑ri‑è‑re eux
ils entendent du bruit derrière eux

ét a‑pér‑çoi‑vent un hom‑me ar‑mé d'un
et aperçoivent un homme armé d'un

fu‑sil à deux coups ét d'un cou‑teau de
fusil à deux coups et d'un couteau de

chas‑se.
chasse.

Ef‑fray‑és de cèt‑te ap‑pa‑ri‑ti‑on su‑
Effrayés de cette apparition su‑

bi‑te, ils se jèt‑tent à ge‑noux ét im‑plo‑rent
bite, ils se jettent à genoux et implorent

la pi‑ti‑é de l'in‑con‑nu, en lu‑i di‑sant
la pitié de l'inconnu, en lui disant

qu'ils sont é‑ga‑rés.
qu'ils sont égarés.

Le gar‑de, tou‑ché dès lar‑mes de cès
Le garde, touché des larmes de ces

jeu‑nes en‑fans, leur de‑man‑de où ils vont.
jeunes enfans, leur demande où ils vont.

Nous al-lons, dit Jo-séph, en Sa-voie por-
Nous allons, dit Joseph, en Savoie por-

tér à nos pau-vres pa-rens le peu d'ar-gent
ter à nos pauvres parens le peu d'argent

que nous a-vons ga-gné. Eh bi-èn! leur dit
que nous avons gagné. Eh bien! leur dit

le gar-de, su-i-véz-moi, je vous don-ne-
le garde, suivez-moi, je vous donne-

rai a-si-le pour cèt-te nu-it dans ma mai-
rai asile pour cette nuit dans ma mai-

son, ét de-main je vous mèt-trai sur vo-
son, et demain je vous mettrai sur vo-

tre rou-te.
tre route.

Lès deux en-fans su-i-vent donc le gar-
Les deux enfans suivent donc le gar-

de, mais che-min fai-sant, mil-le i-dées
de, mais chemin faisant, mille idées

fu-nés-tes leur pas-sent par la tê-te. Ils se
funestes leur passent par la tête. Ils se

rap-pèl-lent cér-tai-nes his-toi-res de vo-leurs
rappellent certaines histoires de voleurs

qu'ils a-vaient en-ten-du ra-con-tér.
qu'ils avaient entendu raconter.

Ils a-pér-çoi-vent en-fin de loin la
Ils aperçoivent enfin de loin la

mai-son du gar-de ét voient vé-nir au-
maison du garde et voient venir au-

de-vant d'eux la fem-me a-véc u-ne jeu-ne
devant d'eux la femme avec une jeune

fi-lle qu'èl-le ti-ènt par la main, ét pré-
fille qu'elle tient par la main, et pré-

cé-déc d'un chi-èn ét de deux jeu-nes
cédée d'un chien et de deux jeunes

che-vreaux bon-dis-sans.
chevreaux bondissans.

Ce-pen-dant ils en-trent dans la mai-
Cependant ils entrent dans la mai-

son. Le sou-pér é-tait dé-jà prêt, ét le
son. Le souper était déjà prêt, et le

fu-mèt au-rait rés-tau-ré le cœur de nos
fumet aurait restauré le cœur de nos

deux jeu-nes voy-a-geurs sans la crain-te
deux jeunes voyageurs sans la crainte

dont ils é-taient sai-sis.
dont ils étaient saisis.

Al-lons, as-séy-éz-vous, leur dit le gar-
Allons, asseyez-vous, leur dit le gar-

de. Soy-éz lès bi-èn ve-nus, dit la fem-me.
de. Soyez les bien venus, dit la femme.

Mais nos pau-vres en-fans n'o-saient dés-
Mais nos pauvres enfans n'osaient des-

sér-rér lès dents. En-fin ils se mèt-tent à ta-
serrer les dents. Enfin ils se mettent à ta-

ble ét man-gent très-peu, mal-gré lès
ble et mangent très-peu, malgré les

é-xhor-ta-ti-ons qu'on leur fait. Je pen-se,
exhortations qu'on leur fait. Je pense,

leur dit le gar-de, que la fa-ti-gue vous
leur dit le garde, que la fatigue vous

ô-te l'ap-pé-tit; mais vous a-vé tort, mès
ôte l'appétit; mais vous avez tort, mes

a-mis, il faut man-gér, si on veut ré-sis-
amis, il faut manger, si on veut résis-

tér à la rou-te.
ter à la route.

Le re-pas fi-ni, la fem-me dit à son
Le repas fini, la femme dit à son

ma-ri: Cès en-fans doi-vent a-voir be-soin
mari: Ces enfans doivent avoir besoin

d'al-lér au lit, ap-pro-che l'é-chèl-le de la
d'aller au lit, approche l'échelle de la

sou-pen-te, ét fais-lès cou-chér.
soupente, et fais-les coucher.

Lou-is, c'é-tait le nom du plus jeu-ne,
Louis, c'était le nom du plus jeune,

fut bi-èn-tôt en-dor-mi; mais il n'en
fut bientôt endormi; mais il n'en

fut pas de mê-me de Jo-séph; plus for-te-
fut pas de même de Joseph; plus forte-

ment é-mu que son frè-re, il ne put fér-
ment ému que son frère, il ne put fer-

mér l'œil. Pen-dant qu'il chér-chait à se
mer l'œil. Pendant qu'il cherchait à se

ras-su-rér en ré-flé-chis-sant sur l'ac-
rassurer en réfléchissant sur l'ac-

cueil bi-èn-vei-llant qu'ils a-vaient re-çu,
cueil bienveillant qu'ils avaient reçu,

ét la ma-ni-è-re dont ils a-vaient é-té trai-
et la manière dont ils avaient été trai-

tés, il en-tend le gar-de qui de-man-de à
tés, il entend le garde qui demande à

sa fem-me son grand cou-teau ét la pi-èr-
sa femme son grand couteau et la pier-

re à ai-gui-sér. A cès mots, Jo-séph croit
re à aiguiser. A ces mots, Joseph croit

en-ten-dre son ar-rêt de mort; il a ce-
entendre son arrêt de mort; il a ce-

pen-dant le cou-ra-ge de s'a-van-cér sur
pendant le courage de s'avancer sur

le bord de la sou-pen-te, et voit en ef-fet
le bord de la soupente, et voit en effet

le gar-de qui pas-se son cou-teau. Ah!
le garde qui passe son couteau. Ah!

c'est fait de nous, dit-il, ma-lheu-reux que
c'est fait de nous, dit-il, malheureux que

nous som-mes!
nous sommes!

A-lors la fem-me dit à son ma-ri : Les
Alors la femme dit à son mari : Les

tue-ras-tu tous les deux? Il y en a un qui
tueras-tu tous les deux? Il y en a un qui

est bi-en jeu-ne, c'est bi-en dom-ma-ge.
est bien jeune, c'est bien dommage.

Ah! la traî-tres-se, dit en lu-i-mê-me le
Ah! la traîtresse, dit en lui-même le

pau-vre Jo-seph. Non, ré-pond le ma-ri,
pauvre Joseph. Non, répond le mari,

je ne tue-rai que le plus fort; al-lons, suis-
je ne tuerai que le plus fort; allons, suis

moi. Jo-séph, qui croit qu'ils vont ve-nir
moi. Joseph, qui croit qu'ils vont venir

à lu-i, s'é-va-nou-it ét rou-le sur le plan-
à lui, s'évanouit et roule sur le plan-

chér. Ti-èns, dit le gar-de à sa fem-me,
cher. Tiens, dit le garde à sa femme,

èst-ce que cès en-fans rê-vent? ét la lu-
est-ce que ces enfans rêvent? et la lu-

mi-è-re dis-pa-raît.
mière disparaît.

Ce-pen-dant Jo-séph re-vi-ènt à lu-i,
Cependant Joseph revient à lui,

ét èst tout é-ton-né de se trou-vér vi-vant;
et est tout étonné de se trouver vivant;

il se tâ-te com-me s'il dou-tait de son
il se tâte comme s'il doutait de son

é-xis-ten-ce. Il ne voit plus la-lu-mi-è-re,
existence. Il ne voit plus la lumière,

il n'en-tend plus de bru-it. En-fin, ac-
il n'entend plus de bruit. Enfin, ac-

ca-blé par le som-meil, il s'en-dort.
cablé par le sommeil, il s'endort.

Il é-tait dé-jà grand jour quand il en-
Il était déjà grand jour quand il en-

tend la voix du gar-de, qui leur dit de se
tend la voix du garde, qui leur dit de se

le-vér, qu'il èst temps de dé-jeu-nér ét de
lever, qu'il est temps de déjeuner et de

par-tir. Jo-séph se-coue son frè-re, qu'il
partir. Joseph secoue son frère, qu'il

trou-ve sain ét sauf à cô-té de lu-i, ét
trouve sain et sauf à côté de lui, et

peut à pei-ne re-ve-nir de sa sur-pri-se.
peut à peine revenir de sa surprise.

Il s'ha-bi-lle promp-te-ment ét dés-cend
Il s'habille promptement et descend

par l'é-chèl-le que la fem-me du gar-de
par l'échelle que la femme du garde

ve-nait d'ap-pli-quér à la sou-pen-te. Il
venait d'appliquer à la soupente. Il

voit le gar-de oc-cu-pé à dé-pe-cér un
voit le garde occupé à dépecer un

dès che-vreaux qu'il a-vait vus la vei-lle
des chevreaux qu'il avait vus la veille

ét que le gar-de a-vait é-gor-gé dans la
et que le garde avait égorgé dans la

nu-it. Il vit a-lors com-bi-èn sa fray-eur
nuit. Il vit alors combien sa frayeur

a-vait é-té mal fon-dée, ét se gar-da
avait été mal fondée, et se garda

bi-èn d'en ri-èn té-moi-gnér.
bien d'en rien témoigner.

Eh bi-èn! mès a-mis, leur dit le gar-de,
Eh bien! mes amis, leur dit le garde,

a-véz-vous bi-èn dor-mi? vous sen-téz-
avez-vous bien dormi? vous sentez-

vous bi-èn dis-po-sés à dé-jeu-nér? Ét
vous bien disposés à déjeuner? Et

s'a-drès-sant à sa fem-me, il lu-i dit:
s'adressant à sa femme, il lui dit:

Ma-rie, mèts cès cô-te-lèt-tes sur le gril,
Marie, mets ces côtelettes sur le gril,

il faut que cès bra-ves gar-çons dé-jeu-
il faut que ces braves garçons déjeu-

ñent bi-èn, pu-is-qu'ils ont tant de che-
nent bien, puisqu'ils ont tant de che-

min à fai-re.
min à faire.

A-près le dè-jeu-nér, le gar-de leur fit
Après le déjeuner, le garde leur fit

pren-dre deux cô-te-lèt-tes dans un pain,
prendre deux côtelettes dans un pain,

en leur di-sant : Vous au-réz là de quoi
en leur disant : Vous aurez là de quoi

fai-re hal-te.
faire halte.

Nos deux en-fans, hon-teux de leur faux
Nos deux enfans, honteux de leur faux

ju-ge-ment ét é-mus jus-qu'aux lar-mes,
jugement et émus jusqu'aux larmes,

de tant de bon-té, fi-rent mil-le re-mér-
de tant de bonté, firent mille remer-

cî-mens ét pro-mi-rent bi-èn de con-sér-
cîmens et promirent bien de conser-

vér tou-te leur vie le sou-vé-nir d'un si
ver toute leur vie le souvenir d'un si

grand bi-èn-fait. Ils pri-rent con-gé de la
grand bienfait. Ils prirent congé de la

maî-très-se de la mai-son, em-bras-sè-rent
maîtresse de la maison, embrassèrent

la pe-ti-te fi-lle, ca-rés-sè-rent le chi-èn
la petite fille, caressèrent le chien

ét se mi-rent èn rou-te sous la con-du-i-te
et se mirent en route sous la conduite

du gar-de, qu'ils ne cés-sè-rent, pen-dant
du garde, qu'ils ne cessèrent, pendant

tou-te la rou-te, de com-blér de bé-né-
toute la route, de combler de béné-

dic-ti-ons.
dictions.

Un phi-lo-so-phe voy-ant un ma-te-
Un philosophe voyant un mate-

lot qui al-lait s'em-bar-quér, lu-i dit :
lot qui allait s'embarquer, lui dit :

Com-ment o-séz-vous al-lér sur mér,
Comment osez-vous aller sur mer,

vo-tre pè-re ét vo-tre a-ï-eul ont pé-ri
votre père et votre aïeul ont péri

dans un nau-fra-ge, ét vous al-léz vous
dans un naufrage, et vous allez vous

éx-po-sér au mê-me dan-gér. Je vous
exposer au même danger. Je vous

re-mér-cie, lu-i dit le ma-te-lot, de l'in-
remercie, lui dit le matelot, de l'in-

té-rêt que vous pre-néz à ma con-sér-
térêt que vous prénez à ma conser-

va-ti-on; mais di-tes-moi, je vous prie,
vation; mais dites-moi, je vous prie,

où vo-tre pè-re ést-il mort? Tran-quil-
où votre père est-il mort? Tranquil-

le-ment dans son lit, ain-si que mès a-ï-eux,
lement dans son lit, ainsi que mes aïeux,

ré-pon-dit le phi-lo-so-phe, il ne m'a
répondit le philosophe, il ne m'a

ja-mais é-té dit qu'au-cun fût mort au-
jamais été dit qu'aucun fût mort au-

tre-ment. Com-ment se fait-il, lui-i dit
trement. Comment se fait-il, lui dit

le ma-te-lot, que vous vous ex-po-si-ez
le matelot, que vous vous exposiez

au mê-me dan-gér qu'eux en cou-chant
au même danger qu'eux en couchant

dans un lit.
dans un lit.

FIN.